# BEACH CLUBS
## Sea, See & Seen

# BEACH CLUBS
## Sea, See & Seen

LOFT

BEACH CLUBS. SEA, SEE & SEEN

Copyright © 2007 by Loft Publications

Coordinación editorial/Editorial coordination:
Catherine Collin

Editora/Editor:
Aitana Lleonart

Traducción/Translation:
Julia Hendler

Directora de arte/Art director:
Mireia Casanovas Soley

Maquetación/Layout:
Ignasi Gracia Blanco

Proyecto editorial/Editorial project:
LOFT Publications
Via Laietana, 32, 4º Of. 92
08003 Barcelona, España
Tel.: +34 932 688 088
Fax: +34 932 687 073
loft@loftpublications.com
www.loftpublications.com

ISBN 978-84-95832-01-6
Impreso en China/Printed in China

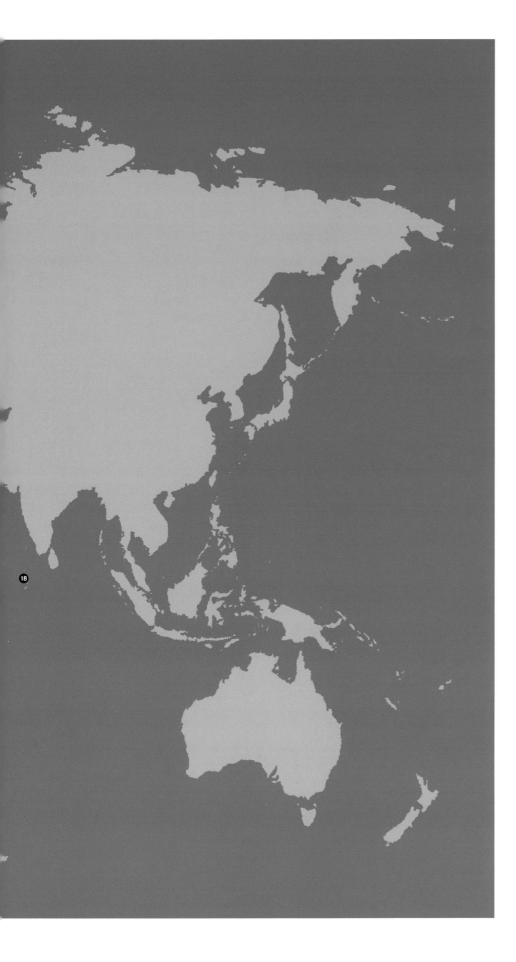

La serenidad y la frescura de la playa y del mar son elementos reparadores para el cuerpo y el alma. A lo largo de la historia, muchas culturas han estudiado los efectos curativos y revitalizantes del agua de mar y han identificado los lugares en los que impera el sol y el clima es suave como destino ideal para el tratamiento de enfermedades y trastornos anímicos. El sol estimula el organismo e influye en el estado de ánimo de las personas; por ello, las escapadas a parajes cálidos y soleados a la orilla del mar son consideradas un lujo para los sentidos y la mejor manera de reponer fuerzas y relajarse.

Así pues, existen numerosas propuestas que ofrecen a los afortunados no sólo enclaves paradisíacos donde descansar y disfrutar de baños de sol, sino también instalaciones que brindan servicios exclusivos, locales singulares en los que poder tumbarse en cómodas hamacas, paladear los mejores combinados e incluso disfrutar de una cocina exclusiva.

En ciertos rincones privilegiados del mundo es posible encontrar estos lujosos clubes de playa que proponen una nueva filosofía de vida, del descanso, del placer. Islas prácticamente desiertas, famosas playas europeas, lugares semiescondidos cuya naturaleza los hace únicos, balnearios que ofrecen a sus clientes la oportunidad de dejarse llevar por la espectacular belleza del lugar y perder la noción del tiempo y del espacio, abandonando el cuerpo y la mente al placer del sonido del mar. Turquía, el Caribe, ciudades costeras de Francia y España e incluso parajes casi perdidos en islas que se hallan en medio del Índico esconden en sus idílicas playas lugares donde olvidar el pasado, el presente y el futuro disfrutando del descanso.

Además de la posibilidad de deleitarse bañándose en el agua salada del mar o en las espectaculares piscinas de agua dulce, la gran mayoría de estos clubes cuentan con exquisitas propuestas gastronómicas para degustar ante el mar, zonas chill-out, lounges y bares donde saborear magníficos combinados mientras se pone el sol. Un culto al descanso y al placer de los sentidos disfrutando de exóticos masajes sobre la arena y otros tratamientos, como la aromaterapia o la reflexología, clases de yoga, apacibles atardeceres en un ambiente chill-out o dejándose envolver por los ritmos de la música de los mejores DJ internacionales, que, tras el ocaso, dan comienzo a las fiestas nocturnas.

Los cuatro elementos de la naturaleza se funden en su estado más apacible y armonioso. El agua, en las paradisíacas playas y magníficas piscinas; el aire, con la suave brisa marina que hace bailar las palmeras; la tierra, en forma de arena bañada por las olas; y el fuego, el calor del sol durante el día o el de las llamas de las velas y antorchas que iluminan las veladas por la noche. La noción del tiempo desaparece y el ritmo diario se ralentiza mientras la mente y el cuerpo se dejan llevar por la tranquilidad de estos magníficos clubes de playa.

The serenity and freshness of the beach and sea are calming elements for the body and soul. Throughout history, many cultures have studied the curative and revitalizing effects of sea water and have identified the enclaves where the sun and smooth climate rule as ideal destinations for the treatment of various illnesses and psychic disorders. The sun has the capacity to stimulate the organism and is even able to influence one's state of mind. For this, the getaways to warm and sunny places by the seaside are considered a luxury for the senses and the best way to relax and recuperate one's strength.

In this sense, there are numerous proposals directed exclusively to offering those fortunate enough not only paradise-like places where they can rest and enjoy sun bathing, but also facilities that offer exclusive services, singular locations where resting in comfortable hammocks, relishing the best cocktails and even enjoying exclusive cuisine.

In certain privileged corners of the world, it is possible to find these luxurious beach clubs that propose a new philosophy of life, of rest, of pleasure. Islands that are practically deserted, famous European beaches, partially hidden enclaves whose nature converts make them unique, spas that offer their clients the opportunity to be taken away by the spectacular beauty of the place and lose the notion of time and space, abandoning the body and mind to the pleasure of the sound of the sea. Turkey, the Caribbean, coastal cities in France and Spain and even almost lost spots on islands found in the middle of the Indian ocean hide in the idyllic beaches places where one can forget the past, present and future enjoying the rest.

Besides the possibility of luxuriating in the salt water of the sea or enjoying the fresh water of the marvelous swimming pools, the grand majority of these clubs have exquisite gastronomic offers to taste by the sea, multiple chill-out, lounge areas and bars to drink magnificent cocktails while the sun goes down. An enlightenment to relax and enjoyment of the senses that is topped off with exotic massages on the sand and other treatments, like aromatherapy or reflexology, yoga classes, appetizing sunsets in a chill-out atmosphere or being wrapped up in the rhythm of the music of the best international DJs that start the twilight parties after the sun goes down.

The four elements of nature blend together in their most mild and harmonious state. Water, in the paradisial beaches and magnificent pools; wind, with the soft marine breeze that makes the palm trees dance; earth, in the form of sand bathed by the waves; and fire, the heat of the sun during the day or the flames of the candles and torches that light up the parties at night. The notion of time disappears and the daily rhythm slows down while the body and mind are taken away by the tranquility of these magnificent beach clubs.

# The Oberoi Mauritius
## The Oberoi Mauritius

La idílica isla Mauricio, con sus playas prácticamente vírgenes y sus aguas claras, ofrece una experiencia única donde se funden las culturas europea, asiática y africana. Este hotel logra captar el espíritu de la isla, y reúne un entorno natural de gran belleza y una estética refinada.

Frente a una vasta playa de 600 m de extensión y a muy poca distancia de magníficos jardines subtropicales, su privilegiado emplazamiento lo convierte en un espectacular paraje natural que combina el aire salvaje de la vegetación con la armonía de la costa y el mar.

El hotel se erige frente a la playa como un oasis rodeado de palmeras que se inclinan como si quisieran encontrarse con el mar. Las tumbonas, colocadas a amplia distancia entre sí, invitan a los clientes a disfrutar del sol y el mar en una intimidad y privacidad exclusivas. El restaurante del hotel, situado junto a la piscina, ofrece unas preciosas vistas al mar y los techos de hojas de palmeras acercan el entorno a los comensales para que experimenten una unión con el medio; algo que no será difícil en este paraíso para el cuerpo y la mente.

The idyllic island of Mauritius, with its practically virgin beaches and clear waters, offers a unique experience that mixes European, Asian and African cultures. The Oberoi captures the spirit of the island in a hotel that combines its abundant natural beauty with a refined splendor.

Its location, right in front of a vast 600 m long beach and very close to magnificent subtropical gardens, makes it a luxurious place in the middle of nature, where the wild air of the vegetation joins with the harmony of the coast and sea.

Like an oasis, the hotel is erected right in front of the beach surrounded by palm trees that incline as if trying to touch the sea. The deck chairs, placed far apart, allow clients to enjoy the sun and sea in exclusive intimacy and privacy. Also, from the hotel's restaurant, just next to the swimming pool, one can enjoy sea views. The roofs, made from palm tree leaves, bring the nature of the environment to the diners in an attempt to make them feel united with the island that slow although vital for the strength of the sun, invites them to enjoy a paradise for the body and mind.

Localización: **Bahía de la Tortuga, Mauricio, Océano Índico** | Fotografía © **James Silverman**

Location: **Turtle Bay, Mauritius, Indian Ocean** | Photos © **James Silverman**

# Nikki Beach St-Barths
## Nikki Beach St-Barths

A pesar de que este club es uno de los menos conocidos de la cadena mundial Nikki Beach, su exclusiva ubicación lo convierte en uno de los más especiales y lujosos. La isla de Saint-Barthélemy, más conocida como St.-Barths, ha ido adquiriendo fama hasta transformarse en uno de los destinos preferidos del Caribe. Destacan la calma y la serenidad que se respira en la isla, además del particular toque francés que nunca ha perdido a pesar de la creciente popularidad de la isla.

Este pequeño local a pie de playa, con vistas a una parte de la localidad y al mar, se ha convertido en el punto de encuentro de la clientela más exclusiva. Su minimalismo, basado en la esencia europea de este estilo, respeta la estética de los clubes de la cadena y proporciona un ambiente inigualable. Además de descansar en las grandes y características tumbonas, es posible comer o cenar en el restaurante, provisto de mesas de madera y cómodos sofás tapizados de blanco dispuestos bajo un techo a modo de cabaña, o bien sobre un entarimado, bajo unos toldos y a pie de playa. En el interior del local, las jaimas invitan a celebrar reuniones más privadas y disfrutar de momentos íntimos bañados por la luz del sol que se filtra a través de los toldos o, durante la noche, por la tenue iluminación de las velas y antorchas.

Despite the fact that this club is one of the least known of the world-wide Nikki Beach chain, its exclusive location makes it, perhaps, one of the most special and luxurious. The island of Saint-Barthélemy, better known as St.-Barths, has been gaining fame until making it one of the most desired destinations the Caribbean. Its most special charms are the calmness and serenity that the island radiates and its particular French touch that, besides the fame that the island has been receiving, it has never lost.

This small club on the beach with views of part of the location and the ocean has become the meeting point of the most exclusive clientele. Its minimalist esthetics, based on the European essence of this style and following the line of the other clubs in the chain, create a matchless ambience where one can relax in its large deck chairs, eat lunch or dinner in the restaurant of wood tables and comfortable couches upholstered in white under the cabin-like roof or on the wooden platform, under the awnings next to the beach. Also, the haimas located in the club entice the most private meetings, enjoying intimate moments with the sunlight filtered by the awnings or by the light of the candles and torches at night.

---

Localización: **Saint-Barthélemy, Indias Occidentales** | Fotografía © **Cyrille Margarit**

Location: **Saint-Barthélemy, West Indies** | Photos © **Cyrille Margarit**

MYSTERY FLORIDA
A CONFERENCE TO DIE FOR

SARASOTA FLORIDA
JUNE 6-7, 2008

mysteryflorida.com

Sarasota & Her Islands Convention & Visitors Bureau
www.sarasotafl.org

# One & Only Palmilla

## One & Only Palmilla

Considerado uno de los lugares de vacaciones más mágicos del planeta, San José del Cabo esconde joyas como el One & Only Palmilla, la encarnación de la elegancia en medio del paraíso. Su historia empieza en 1956, año en el que se construye la primera instalación hotelera que dispone de tan sólo quince lujosas habitaciones. Entonces únicamente se podía acceder a este paraje en yate o avión privado, lo que lo convirtió en el punto de mira de famosos actores de Hollywood, que deseaban disfrutar de sus vacaciones en la intimidad de Los Cabos. Así, su fama fue en aumento y se ampliaron tanto sus instalaciones como sus servicios, hasta que, en el año 2004, se llevó a cabo una gran reforma que preservaría, eso sí, el glamour y la esencia original del hotel.

Al espectacular entorno geográfico, con asombrosos paisajes donde puede apreciarse la actividad volcánica del pasado, se suman las idílicas verandas y tumbonas de madera, tribales o más modernas, dispuestas en la playa o alrededor de las piscinas del hotel.

El One & Only Palmilla ofrece un tiempo y un espacio para la calma y la serenidad en un lugar cuya historia lo hace mágico y único, y donde estuvieron figuras como Hemingway en busca de inspiración.

Considered one of the most magical vacation spots on the planet, San José del Cabo hides treasures such as the One & Only Palmilla, the incarnation of elegance in the middle of paradise. Its history starts in 1956, when the hotel was built housing only 15 luxurious rooms and when the only way to access the spot was with yacht or private plane. Since then, it has converted into the focal point of famous Hollywood actors who enjoy their vacations in the intimacy of Los Cabos. For this, its fame grew and it's enlarged its facilities and services until 2004, when it carried out an extensive renovation that would preserve, above all, the glamour and the original essence of the hotel.

In addition to its spectacular geographic enclave, with amazing landscapes fruit of the earthquakes and the volcanic activity of years gone by, are the idyllic verandas and wood deck chairs, tribal or more modern, located on the beach or around the spectacular pools of the hotel, that reflect the sky in their calm waters.

The One & Only Palmilla offers a getaway to the serenity in a place whose history makes it magical and unique and that people such as Hemingway visited looking for inspiration.

Localización: **San José del Cabo, México** | Fotografía © **One & Only Resorts**

Location: **San José del Cabo, Mexico** | Photos © **One & Only Resorts**

# Amanyara

## Amanyara

El agua es, sin duda, la auténtica protagonista de este fabuloso hotel, el Amanyara Resort, situado en las Islas Turcas y Caicos. Construido en un terreno abrupto, sobre las rocas, la cercanía del océano permite disfrutar de la calma y el remanso de las aguas que bañan las villas. Las instalaciones del hotel se comunican a través de pasarelas, y cada villa o cada estancia dispone de una amplia terraza bañada por las aguas.

Una gran piscina sin límites se extiende hacia el mar, dejando a sus lados pequeños rincones. Se han dispuesto amplios sofás y tumbonas bajo magníficas pérgolas y gacebos desde los que se disfruta de inigualables vistas en un entorno sereno y tranquilo.

El blanco y la madera combinan a la perfección, logrando una estética acorde con el resto de los elementos naturales, como el agua o la vegetación, presentes en todo el recinto. Además de este espectáculo de agua y diseño, el hotel ofrece un servicio de club de playa en la misma playa, donde los clientes son atendidos mientras descansan en las hamacas y disfrutan de la brisa del mar.

The water is, without a doubt, the authentic protagonist of this fabulous hotel, the Amanyara Resort, located in the Turks and Caicos Islands. Its rugged location, above the rocks that are in direct contact with the water, contrast with the calm and quiet that rules in the waters that bathe the villas, the buildings that make up the hotel and that are connected through walkways. Each villa, or each room, has a large terrace bathed by the stagnant waters.

A large, edgeless swimming pool extends towards the sea, leaving at its sides small nooks for large couches and deck chairs under magnificent pergolas and gazebos, where one can enjoy the matchless views in a serene and tranquil atmosphere, where it seems that nothing could disrupt this moment of calm.

The white and wood combine perfectly, creating esthetics in accord with the rest of the natural elements such as the water or plants and trees, present throughout the whole grounds. In addition to this spectacle of water and design, the hotel offers a beach club service on the same beach, where clients are attended to while they rest in the hammocks and enjoy the sea breeze.

Localización: **Northwest Point, Islas Turcas y Caicos, Indias Occidentales** | Fotografía © **Reto Guntli/Zapaimages**

Location: **Northwest Point, Turks and Caicos Islands, West Indies** | Photos © **Reto Guntli/Zapaimages**

30

# Nikki Beach Miami
## Nikki Beach Miami

South Beach Miami es el punto de encuentro para la gente que está a la última en Miami. Un lugar idóneo para celebraciones, fiestas nocturnas y también para disfrutar del sol. Esta zona, conocida localmente como «Sobe», comprende el tramo de Miami Beach que va desde la calle primera hasta la vigésima tercera, y a ella acude la gente más *cool* más de la ciudad.

El Nikki Beach, conocido también como «el lugar más sexy del planeta», ofrece a sus clientes famosos y de la jet set un amplio abanico de exclusivos servicios y todas las comodidades. Durante el día puede convertirse en el lugar más apacible y tranquilo del mundo, o también en el más salvaje, según lo que el cliente desee. Sus tumbonas de lino blanco están dispuestas sobre la arena y las lujosas camas descansan bajo los gacebos, que se alternan con las originales tiendas inspiradas en los tipis de los indios americanos. En definitiva, es el lugar perfecto para relacionarse y conocer gente mientras se disfruta de revitalizantes baños de sol entre las palmeras. Asimismo, el Nikki Beach ofrece una gran variedad de platos de pescado, sushi y sándwiches que pueden degustarse en las mesas resguardadas bajo grandes sombrillas. Cuando cae la noche, el sonido de la música envuelve el club y la gente se prepara para una velada inolvidable.

South Miami Beach is the meeting point for the trendy people of Miami. An ideal place for celebrations, night parties and even sun bathing. This area, locally known as "Sobe", is the section of Miami Beach that stretches from 1st Street to 23rd joins the most important points of the city.

Nikki Beach, also known as The Sexiest Place on the Planet, is in exactly this point, offering it's jet-set, famous and VIP clients a wide range of services and exclusive amenities. During the day, it can be the most pleasant and peaceful place in the world, although it can also be wild, depending on the client's wishes. Its white linen deck chairs extend over the sand and the luxurious beds rest under the gazebos and the original tents that emulate the homes of the American Indians. This is the perfect place to socialize and get to know people while enjoying revitalizing sun baths under the palm trees. Also, Nikki Beach offers a great variety of fish dishes, sushi and sandwiches that can be served at the tables sheltered from the sun by large umbrellas. At night, the sound of the music flows throughout the club, while the sun sets and people get ready for an unforgettable night.

Localización: **Miami, Florida, Estados Unidos** | Fotografía © **Pep Escoda**

Location: **Miami, Florida, USA** | Photos © **Pep Escoda**

# Le Sereno

## Le Sereno

En las últimas dos décadas Saint-Barthélemy se ha convertido en uno de los destinos preferidos del mundo para realizar escapadas. Esta isla, visitada en un pasado por una clientela selecta, atrae ahora a todo tipo de viajeros que buscan un marco de ensueño donde olvidar la rutina y disfrutar de la placidez caribeña.

Le Sereno se encuentra al este de la isla, frente a la pintoresca playa de Grand-Cul-de-Sac, uno de los enclaves más preciados de Saint-Barthélemy. El hotel ha sido recientemente renovado mediante la varita mágica del diseñador parisino Christian Liaigre, que lo ha dotado de una simplicidad y elegancia sofisticadas.

En la misma playa una piscina, rodeada de suelo de láminas de madera y cómodos sofás y hamacas, se extiende hacia el mar proporcionando un lugar ideal para tomar el sol o disfrutar del paisaje a la sombra de las palmeras que pueblan el exterior del hotel.

Le Sereno ofrece a sus huéspedes actividades como deportes acuáticos, tratamientos de belleza, spa y un club de playa con servicio. En cada una de sus habitaciones consigue crearse una atmósfera única de relax; sus ventanales se abren hacia la terraza privada exterior con jardín y con vistas a la playa de Grand-Cul-de-Sac.

In the last two decades Saint-Barthélemy has become one of the most famous places in the world for fleeting getaways. This island, previously visited by a select clientele, now attracts all types of travelers that are looking for a fantasy setting to forget the everyday routine and be trapped by the serenity.

Le Sereno on the east side of the island, right in front of the picturesque beach of Grand-Cul-de-Sac, one of the most prized enclaves of Saint-Barthélemy and considered one of the treasures of the island. The hotel has been recently renovated thanks to the magic wand of the Parisian designer Christian Liaigre that has given it a sophisticated simplicity and elegance.

On the same beach is a swimming pool that extends towards the sea, surrounded by wood floors and comfortable couches and hammocks. It is the ideal place for sun tanning or enjoying the scenery under the shade of the palm trees that inhabit the outside of the hotel.

Le Sereno offers its guests activities such as aquatic sports or private treatments in its spa room and a beach club with service. Each one of the rooms of the hotel gives off a style and unique relaxing atmosphere. Its high windows open towards the private exterior terrace with garden, with views of the Grand-Cul-de-Sac beach.

Localización: **Grand-Cul-de-Sac, Saint-Barthélemy, Indias Occidentales** | Fotografía © **Reto Guntli/Zapaimages**

Location: **Grand-Cul-de-Sac, Saint-Barthélemy, West Indies** | Photos © **Reto Guntli/Zapaimages**

# Club de playa La Honda
## La Honda Beach Club

Restos preincaicos revelan que este enclave ha sido, desde tiempos remotos, un lugar de pesca y descanso, como lo sigue siendo hoy en día. La playa La Honda es una caleta en forma de herradura flanqueada por dos macizos de roca, de ahí el origen de su nombre. En los años cuarenta un grupo de aficionados a la pesca fundó el club, y construyó allí unas precarias instalaciones para guardar botes y redes. Este nuevo proyecto consistió en la reconversión de esa primera edificación en un lugar donde guardar el material y los equipos de pesca, pero también en un área social, con múltiples espacios que permitieran disfrutar del enclave.

El club de playa La Honda se integra, pues, en el paisaje circundante mediante una arquitectura subordinada al entorno rocoso, dotándolo así del protagonismo que merece por su belleza. Las arquitectas Ruth Alvarado y Cynthia Watmough, encargadas del proyecto, decidieron construir muros de pidra escalonados que siguen la forma curva del terreno y configuran tres terrazas: la primera incorpora una cubierta, la segunda forma un espacio entarimado donde tomar el sol y la última acoge una piscina que limita con otro de los muros. Se seleccionaron los materiales siguiendo también un criterio de integración en el entorno, un mantenimiento fácil, resistencia y durabilidad.

Pre-Inca ruins reveal that this enclave has been, since ancient times, a fishing and resting place, just as it continues to be today. La Honda Beach is a horseshoe-shaped cove flanked by two rock massifs, which are the origin of its name. In the forties, a group of amateur fishers founded the club, building precarious facilities to put away their boats and nets. This new project is the reconstruction of the original space to continue keeping material and fishing equipment, but also into a social area, with areas to enjoy the enclave.

La Honda Beach Club integrates in the neighboring landscape with an architecture that subordinates to the rocky surroundings, giving it the prominence that it deserves for its beauty. The architects Ruth Alvarado and Cynthia Watmough, in charge of the project, decided to design curves that followed the natural form of the land, converting terraced stone walls to organize the three terraces: one with a roof, the wood-paved little terrace for sun tanning and, lastly, the curved swimming pool that borders on another of the walls. The materials chosen were selected following the criteria of integration in the environment, easy maintenance, resistance and durability.

Localización: **Playa La Honda, Lima, Perú** | Fotografía © **Stella Watmough**

Location: **La Honda Beach, Lima, Peru** | Photos © **Stella Watmough**

54

# Nikki Beach Cabo San Lucas
## Nikki Beach Cabo San Lucas

Este club se encuentra en las instalaciones del famoso Hotel Meliá San Lucas, ubicado en la playa de El Médano, uno de los lugares más exquisitos y privilegiados de México, que combina a la perfección la cultura mexicana con un ambiente cosmopolita. Su fantástico clima y su bello paisaje lo convierten en un lugar de encuentro de gente famosa y clientes exclusivos que acuden allí para relajarse en su elegante zona lounge y descansar en las tumbonas y pufs que rodean la piscina.

Su decoración y sus múltiples espacios hacen de este club un magnífico lugar donde disfrutar de las horas de sol, degustar un exquisito sushi o tomar deliciosos mojitos y combinados cuando cae la noche, a la luz de las velas, que crean un ambiente único e idílico. Con el sonido de fondo de la música del disc-jockey los clientes pueden conversar cómodamente en los sofás, pufs y mesas del Passion Lounge y el Nightclub, o bailar mientras avanza la madrugada en la sala VIP o en el concurrido bar.

This club is located in the facilities of the famous Hotel Melia San Lucas on the Beach of El Médano, one of the most exquisite and privileged places in Mexico that combines to a perfection the Mexican culture with a very cosmopolitan atmosphere. Its fantastic climate and beautiful landscape make it the meeting place for famous and exclusive clients, that come to relax in its elegant lounge area and rest in the deck chairs and pouffes that surround the swimming pool.

Its decoration and multiple spaces make this club a magnificent place to let the hours pass, taste exquisite sushi or enjoy delicious mojitos and mixed drinks as night falls in a unique and idyllic candle lit ambience. To the sound of the music of the disc jockey, clients can comfortably talk at the couches, pouffes and tables of the Passion Lounge and the Nightclub or dance as the night progresses in the VIP room or the popular bar.

Localización: **Cabo San Lucas, México** | Fotografía © **Nikki Beach**

Location: **Cabo San Lucas, Mexico** | Photos © **Nikki Beach**

# Supperclub Türkbükü Bodrum
## Supperclub Türkbükü Bodrum

A través de un sendero serpenteante que empieza en la carretera se accede a este original club situado sobre una plataforma que flota en el mar y que está precedido por un vasto jardín. Éste acoge otra plataforma similar donde se ha ubicado una cocina abierta al exterior. Una escalera conduce hasta la estructura flotante a través de olivos.

Durante el día el club es el espacio ideal para tomar el sol y un refrescante baño; por la noche se transforma en un mágico escenario donde compartir una velada frente al mar. Tras la cena llega la fiesta, la música empieza a sonar mientras la noche avanza y la plataforma se convierte en una gran pista de baile.

En la plataforma flotante se ha colocado una barra de bar de 18 metros frente a una larga hilera de sofás. En la parte central se encuentran varios sofás redondos de distintos tamaños junto a un gran sofá dorado para clientes especiales. El bar está cubierto por una estructura de acero blanco donde se han instalado luces de diferentes tipos para animar las veladas. Unas grandes pantallas para proyecciones separan el Supperclub de otras plataformas y confieren cierta intimidad a este exclusivo local de la bahía de Türkbükü.

Along a meandering path that starts from the road, one can reach this original club located on a platform that floats on the sea and that is preceded by a vast garden. In this garden, there is another similar platform with a kitchen that is open to the exterior. Stairs lead to the floating structure by way of olive trees.

During the day, the club is a place for sun tanning and refreshing swims and at night it transforms into a magical stage to share a soiree on the shore. After dinner comes the party, the music starts to sound while the night moves forward and the platform convert into a large dance floor.

In the structure located on the water, is a large 18 meter bar facing a long line of bed-like couches. In the middle are various round bed-like deck chairs of different size next to a large gold bed for special guests, with private service. The bar is covered by a white steel structure holding different kinds of lights to liven up the nights. Some large screens for projections separate the Supperclub from other platforms and convert it into an exclusive spot of the bay of Türkbükü.

Localización: **Türkbükü, Bodrum, Turquía** | Fotografía © **Concrete Architectural Associates**

Location: **Türkbükü, Bodrum, Turkey** | Photos © **Concrete Architectural Associates**

# 360° Bar-Jumeirah Beach Hotel
## 360° Bar-Jumeirah Beach Hotel

Desde la planta número 24 del Jumeirah Beach Hotel las vistas de Dubai son un espectáculo asombroso; desde allí se puede observar cómo el mar y el cielo se unen mientras el atardecer va tornando de color grana el día. Es aquí, en este incomparable mirador, donde se halla el 360° Bar, cuyo nombre revela la fabulosa panorámica que ofrece desde sus mesas y su elegante lounge. La estética minimalista y de líneas puras de la terraza, con el suelo de baldosas blancas y una sencilla barandilla que rodea el bar, proporciona a los clientes un lugar donde relajarse y disfrutar de un marco incomparable.

En el bar destacan las suaves líneas de las mesas y las sillas de ratán, que crean un ambiente acogedor para tomar un aperitivo contemplando el vaivén de los barcos y veleros. Por la tarde, el lounge cobra protagonismo, con sus impecables sofás blancos de piel y los pufs a juego en los que recostarse mientras se saborea una suave y relajante pipa y el cielo estalla en los tonos naranja del ocaso.

From the 24th floor of the Jumeirah Beach Hotel the views over Dubai are an amazing spectacle, from where one can observe how the sea unites with the sky while the dusk casts a shadow over the day. It is here, in this incomparable vantage point, where the 360° Bar is located, whose name reveals the fabulous panorama that it offers from its tables and elegant lounge. The minimalist and pure esthetics of the terrace, with the floor paved with white tile and a simple railing that surrounds the whole bar looking towards the sea, gives clients a place to relax while practically touching the sky.

In the bar, the smooth lines of the tables and whicker chairs stand out, creating a cozy atmosphere for having an appetizer watching the swaying of the boats and sailboats. In the afternoon, the lounge takes the limelight with its impeccable white leather couches and the matching pouffes, for reclining while savoring the smooth and relaxing pipe and the sky breaking with the orange of the sunset.

Localización: **Dubai, Emiratos Árabes Unidos** | Fotografía © **Timothy Soar**

Location: **Dubai, United Arab Emirates** | Photos © **Timothy Soar**

# W Retreat & Spa Maldivas
## W Retreat & Spa Maldives

El W Hotel es una isla privada y un área de recreación de lujo situada en las Maldivas. Fesdu es el nombre de esta pequeña isla que acoge las instalaciones principales de este hotel de lujo, así como alojamientos de dos niveles frente a la playa. Otra opción para los clientes es hospedarse en las casas flotantes donde interior y exterior se funden en un espacio totalmente íntimo. A través de sus techos se puede observar el cielo y los suelos de cristal muestran la fauna de la laguna. Cada estancia incluye una piscina, un solarium y playa.

La arena blanca de la isla, así como los diferentes rincones con sofás, tumbonas y mesas, invitan a relajarse en este pequeño refugio en mitad del océano. Además el W Hotel ofrece el Spa Hawai, un centro de *fitness* y seis magníficos restaurantes, todo ello en un idílico entorno en el que no faltan secretos recodos donde desconectar de un mundo que, desde este pequeño paraíso, parece tan lejano.

The W Hotel is a private island and a luxury recreation area located in the Maldives. Fesdu is the name of this small island that houses the main buildings of the hotel, as well as two-level retreats along the beach of that accommodate some of the rooms. Another option for the guests is to stay in the villas on the water that allow the combination of interior and exterior in a totally intimate space. Through the roof, one can observe the sky and the glass floors show the fauna of the lagoon, in absolute privacy beach each room its own swimming pool, solarium and beach.

The white sand that encloses the island, as well as the different nooks with couches, deck chairs and tables, invite relax in the middle of the ocean, in a corner of the world surrounded by water which seems to have gotten lost. The W Hotel also proposes the Spa Hawaii, a fitness center and six magnificent restaurants, all in a idyllic enclave that doesn't lack secret places to disconnect from the world in the middle of nowhere.

Localización: **Isla Fesdu, North Ari Atoll, Maldivas, Océano Índico** | Fotografía © **W Hotels**

Location: **Fesdu Island, North Ari Atoll, Maldives, Indian Ocean** | Photos © **W Hotels**

# Millesim Beach Club
## Millesim Beach Club

El Millesim Beach Club ofrece un remanso de paz que contribuyen al bienestar y la armonía del cuerpo y el espíritu. Además de una zona con tumbonas y sombrillas sobre la arena de la playa, incluye un restaurante, un bar y un espacio donde se realizan masajes y todo tipo de tratamientos zen que ayudan a relajar el cuerpo y liberarlo de tensiones mediante técnicas específicas antiestrés. Las propuestas de cuidados zen incluyen el masaje aromático Nirvana, con aceites esenciales y plantas, el masaje energético Shiatsu, para descontracturar y devolver la energía al cuerpo, el Tónico, relajante muscular, y además reflexología, manicura, pedicura y, por último, el Duo Imperial, un fabuloso masaje a cuatro manos.

Tras los masajes se puede disfrutar de la propuesta gastronómica del restaurante, que mezcla la cocina mediterránea con recetas de otras culturas.

La madera y los colores cálidos combinan con la decoración de club de playa, que junto con el blanco de la fachada crea un espacio armonioso y sereno con un ambiente lounge donde desayunar, disfrutar de unos masajes o cenar con los pies sobre la arena a la luz de las antorchas y bajo las estrellas.

The Millesim Beach Club offers an oasis of peace for the well-being and harmony of the body and spirit. Besides the area in the sand, with deck chairs and parasols next to the sea, there is a restaurant, bar and an area for massages and all kinds of Zen treatments that help relax the body and free it of tensions through special anti-stress techniques. The zen care proposals include the aromatic Nirvana massage, with essential oils and plants, the energetic Shiatsu massage, to unblock and return energy to the body, the Tonic, muscle relaxer, and also reflexology, manicures, pedicures and, finally, the Imperial Duo, a fabulous four-hand massage.

After the massages, one can enjoy the gastronomic offer of the restaurant that mixes Mediterranean food with recipes from other cultures.

The wood and warm colors combine with the decoration of beach club, that together with the white façade create a harmonious and serene place to eat breakfast in a lounge ambiance, enjoy massages or dine at the edge of the sand by torch light under the stars.

Localización: **Playa Thaiti, Saint Tropez, Francia** | Fotografía © **Roger Casas**

Location: **Thaiti Beach, Saint Tropez, France** | Photos © **Roger Casas**

# Anassa

## Anassa

El Anassa está situado en Asprokremmos, una bahía que acoge una de las playas más bellas de Chipre. Este magnífico hotel se encuentra en un entorno privilegiado, frente a la playa y, además, rodeado por un extenso jardín con vegetación variada que lo convierte en un lugar muy especial. Justo en medio del complejo se encuentran las piscinas, una pequeña para baños ligeros y refrescantes y otra de grandes dimensiones que parece fusionarse con el mar, en el horizonte. Sobre la arena, en la playa que queda a los pies del Anassa, reposan las hamacas, de espaldas al intenso colorido que proporciona la vegetación del jardín. En un segundo plano, las montañas de fondo contrastan con el intenso azul del cielo.

En el interior del hotel se encuentra el spa de estilo romano, el Talaza, que ofrece servicios de talasoterapia y una gran variedad de tratamientos revitalizantes y de belleza, como la aromaterapia y la reflexología. Incluye también saunas, un salón de belleza, una piscina cubierta, con una gran claraboya en el techo que permite que la luz natural penetre en su interior, y otra pequeña, de agua salada, en la que pueden realizarse distintas tablas de ejercicios.

The Anassa is on the beach of Asprokremmos, a magnificent bay that is home to one of the most beautiful beaches in Cyprus. This magnificent hotel is located in a privileged environment, because it is right on the beach and is surrounded by an extensive garden with all types of vegetation that give it a very special uniqueness. Right in the middle of the complex are the pools, a small one for light and refreshing swims, and a larger one that seems to melt into the sea, on the horizon. On the sand, in the beach that is at the feet of the Anassa, are the hammocks, with back rests with an explosion of color that distinguish the vegetation that surrounds this bay with the mountains in the background. A unique landscape that mixed the intense blue of the sky with the different shades of green of the grass and trees.

On the inside of the hotel is the Roman style spa, El Talaza, that offers talasotherapy treatments as well as a large variety of revitalizing and beauty treatments that include aromatherapy and reflexology. There is also a covered swimming pool with a large skylight in the roof that lets the natural light in, saunas, a beauty salon and exercise tables for a salt water swimming pool.

Localización: **Asprokremmos, Polis, Chipre** | Fotografía © **Thanos Hotels**

Location: **Asprokremmos, Polis, Cyprus** | Photos © **Thanos Hotels**

# Puro Beach Marbella
## Puro Beach Marbella

Con vistas al peñón de Gibraltar y las montañas del Atlas marroquí el Puro Beach es la nueva propuesta del grupo Puro en Marbella, que ya tiene un hotel y otro club de playa en Mallorca. El Puro Beach Marbella un santuario donde cuidar la salud y la espiritualidad, en un espacio que incluye restauración, lounge-bar, piscina y yoga, todo lo necesario para satisfacer cuerpo, mente y alma.

Alrededor de la piscina, cuyas teselas forman el logotipo de este exclusivo grupo, unas lujosas hamacas forman una combinación de elegante gusto y con un toque étnico. El blanco y el dorado combinan en las sombrillas, los almohadones de los sofás del restaurante y la mantelería, confiriendo al lugar un ambiente sofisticado y exclusivo. En el lounge la estética *hippie-chic* incluye pufs de piel y muebles bajos: todo un lujo para los sentidos diseñado por la interiorista Gabrielle Jangeby.

Durante el día las clases de yoga hacen que el tiempo se detenga, y proporciona a sus practicantes un equilibrio físico y mental que puede complementarse con un programa integral de tratamientos y masajes. Al caer la noche el sonido de la música envuelve el club, que, con el Ritual del Atardecer, transforma la playa en un oasis exótico de hogueras y antorchas.

With views to the Rock of Gibraltar and the mountains of the Moroccan Atlas, the Puro Beach is the new proposal in Marbella of the Puro group that already has a hotel and another beach club in Mallorca. This club is a sanctuary to fulfilling the human needs of health and spirituality, in a space that includes restoration, lounge-bar, swimming pool and yoga, everything necessary to be able to satisfy body, mind and soul.

Around the pool, whose tessaras form the logo of this exclusive group, are luxurious hammocks in a combination of elegant taste and an ethnic touch. The white and gold mix together in the parasols, the cushions of the couches of the restaurant and the table linen, taking its clients to a sophisticated and exclusive setting. In the lounge, the hippie-chic esthetics include leather pouffes and low furniture. A feast for the senses designed by the interior decorator Gabrielle Jangeby.

During the day, the yoga classes allow guests to forget the time, achieving a physical and mental balance that can be complemented with a complete program of treatments and massages. When night falls, the sound of the music surrounds the club that with the Ritual of Dusk transforms the beach into an exotic oasis with bonfires and torches.

Localización: **Playa El Padrón, Marbella, España** | Fotografía © **Gary Edwards**

Location: **El Padrón Beach, Marbella, Spain** | Photos © **Gary Edwards**

# Nikki Beach Saint Tropez
## Nikki Beach Saint Tropez

Por el centro de este club discurre una larga tarima, a cuyos lados se han dispuesto varias hileras de colchones grandes a modo de tumbonas, así como sombrillas y mesas bajas para las bebidas y los aperitivos. Más allá de este camino central, ya sobre la arena, se han colocado unas hamacas para aquellos clientes que quieran sentir bajo los pies la fina arena de la playa.

En la falda de la montaña que resguarda el club, se encuentran el bar, el restaurante y la piscina, dotados también de las mismas comodiades y de un blanco impoluto que destaca sobre los tonos marrones de la arena y la madera. Las mesas del restaurante se hallan bajo unos árboles, que extienden sus ramas como si fueran pérgolas y que sirven de transición para integrar las instalaciones en el entorno.

La bahía de Pampelonne, donde se encuentra este club, es una de las zonas más conocidas de Saint Tropez y constituye uno de los lugares más frecuentados por una exclusiva clientela. Con la música *dance* y *house* empiezan los bailes y las reuniones y se descorcha el champán. Es entonces cuando la noche queda inaugurada.

A large walkway wanders through the middle of this great club, flanked on both sides by large mattresses that serve as deck chairs, together with parasols and low, tam-tam tables to hold drinks and appetizers. Beyond this central path and onto the sand, the club offers hammocks and other amenities for those clients that want to enjoy the beach accordingly, feeling the fine sand under their feet.

In the background, just at the foot of the mountain that shields the club, is the bar, restaurant and swimming pool, also decorated with the same amenities, everything in an impeccable white that stands out from the brown shades of the sand and wood. The tables of the restaurant enjoy the shade of the trees, that extend their branches as if they were pergolas, making nature shine and including it in the environment as just another element.

The bay of Pampelonne, where the club is located, is one of the most well-known areas of Saint Tropez and one of the most visited enclaves by the exclusive clientele. To the sound of international dance and house music, the dancing and meetings begin and the champagne is uncorked. This is when the night begins.

Localización: **Bahía de Pampelonne, Saint-Tropez, Francia** | Fotografía © **Cyrille Margarit**

Location: **Bay of Pampelonne, Saint-Tropez, France** | Photos © **Cyrille Margarit**

# Le Club 55

## Le Club 55

Resguardado por una vegetación típicamente mediterránea, que a su vez delimita su extensión, se encuentra Le Club 55, un restaurante situado junto a la playa de Pampelonne. Un camino de láminas de madera conduce a este local camuflado por los árboles que lo rodean y por su estética marinera en azul y blanco. Las ramas aportan la sombra necesaria para poder tomar un aperitivo en el bar, situado sobre la tarima laminada. Las mesas y los sofás de este espacio son de madera; los grandes almohadones blancos combinan con el blanco predominante de la construcción principal y crean un ambiente sereno y tranquilo.

El restaurante ofrece dos espacios, uno en el interior del local, con mesas rodeadas de cómodos sofás, y otro en el exterior, bajo una pérgola cubierta por las ramas y flores que copan los árboles y se enredan en el entramado de la estructura. Las propuestas gastronómicas son clásicas recetas mediterráneas como la anchoada, variedades de ensaladas, la tarta de cebolla y otros platos elaborados con ingredientes típicos de la zona.

Al fondo se observa el mar, tan cerca como para notar su brisa y su olor, y lo suficientemente lejos como para disfrutar de un recodo agradable a la sombra de los árboles y donde reponerse de los baños de sol.

Sheltered under the typically Mediterranean vegetation that also serves to delimit its area is Le Club 55, a restaurant located next to Pampelonne beach. A wood-lined path leads to the premises camouflaged by the trees that surround it and its marine esthetics in blue and white. The branches give the shade necessary to have an appetizer at the bar, located on a laminated platform. The tables as well as the couches of this restaurant are made of wood, and the large white cushions together with the white of the main building create a serene and relaxing atmosphere.

The restaurant offers two spaces, one indoors, with tables surrounded by comfortable couches and another outside, under a pergola covered by the branches and flowers that top the trees and intertwine in the structure's frame. The gastronomic proposals are classic Mediterranean recipes like anchovies, a variety of salads, onion pie and other dishes elaborated with typical ingredients from the area.

In the background is the sea, close enough to feel its breeze and smell, and far enough away to be able to enjoy a woody bend full of shade that helps one recuperate from rays of the sun.

Localización: **Playa de Pampelonne, Saint Tropez, Francia** | Fotografía © **Roger Casas**    Location: **Beach of Pampelonne, Saint Tropez, France** | Photos © **Roger Casas**

# Terraza Punta Garbí
## Terraza Punta Garbí

En verano de 2005 abrió sus puertas en la localidad de Lloret de Mar (España) la Terraza Punta Garbí, situada frente al paseo y la playa de Fenals. Destinada a un público adulto y familiar, ofrece un agradable entorno donde tomar cócteles y degustar alguno de sus famosos bocadillos de autor, distintas propuestas que convierten una comida tan sencilla en todo un lujo para el paladar.

La gran peculiaridad de este local es el mobiliario y la decoración, no por su estilo o disposición, sino porque al finalizar la temporada, a comienzos de otoño, todo se pone a la venta para poder recrear otro ambiente totalmente distinto al año siguiente. Esta iniciativa permite redescubrir, año tras año, en un mismo lugar, una propuesta diferente aunque igual de atractiva, una terraza donde contemplar paseo del pueblo y disfrutar de la brisa del mar.

In the summer of the 2005, the Terraza Punta Garbí opened its doors in Lloret de Mar, Spain, located just in front of the promenade and the Fenals beach. Designated to an adult and family target, it proposes a pleasant environment where one can drink cocktails and taste some of the famous signature sandwiches, different proposals that make convert a simple meal into a luxury for the sense.

The great peculiarity of this place is its furniture and decoration, not just for its style or disposition, but because at the end of the season, when autumn starts, they put everything up for sale in order to recreate a new atmosphere for the following year. This initiative allows one to rediscover, year after year, in the same place, a different proposal although equally attractive, where one can relax in front of the town's promenade and enjoy the sea breeze.

Localización: **Lloret de Mar, España** | Fotografía © **Óscar Gutiérrez**

Location: **Lloret de Mar, Spain** | Photos © **Óscar Gutiérrez**

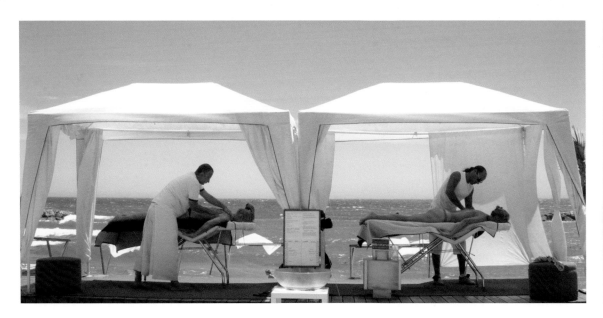

# Ocean Beach Club
## Ocean Beach Club

Este club, uno de los más vanguardistas y grandes de Europa, ofrece un nuevo concepto de exclusividad y lujo en sus servicios, dirigidos a clientes con alto poder adquisitivo. Está ubicado en primera línea de playa, en el corazón de Puerto Banús.

Su superficie de 9.000 m² incluye una piscina de 1.000 m², zona de bar, restaurante, un área de tiendas con grandes firmas y un spa con masaje asiático, entre otros servicios y propuestas. Sobre el suelo de madera oscura unas grandes camas redondas tapizadas en piel blanca crean una agradable y elegante armonía cromática alrededor de la piscina. Estas originales tumbonas invitan a disfrutar de baños de sol de una forma cómoda y exclusiva, acompañándolos de refrescantes combinados y cócteles. Justo al lado se encuentra el restaurante, que ofrece una cuidada mezcla de cocina creativa mediterránea, japonesa e italiana.

El club también incluye dos fantásticas suites diseñadas con los artículos más modernos para aquellos clientes que no deseen prescindir de nada. Además de estas zonas dedicadas exclusivamente al ocio, el Ocean Beach Club tiene un centro de negocios en el que se puede contratar personal y delegar tareas administrativas o también alquilar limusinas, jets privados o yates.

This club, one of the most avant-garde and largest of Europe, offers a new concept of exclusivity and luxury in its services, directed to clients with high spending power. It is located on the sea front in the heart of Puerto Banús.

Its 9000 m² surface area includes various areas, such as a 1000 m² swimming pool, bar, restaurant, important brand name stores and a spa with an area for Asian massage among other services and offers. On the dark wood platform are large round beds upholstered in white leather, creating a pleasant and elegant chromatic harmony around the swimming pool. These original deck chairs offer a comfortable and exclusive way to sun bathe and enjoy cocktails and mixed drinks.

Next to the pool is the restaurant, which offers a meticulous mix of creative Mediterranean, Japanese and Italian cuisine. The club also includes two fantastic suites designed with pieces and articles of latest generation for those clients that don't want to leave the grounds. Beside these areas dedicated exclusively to leisure, the Ocean Beach Club offers a Business Center where guests can hire personnel and delegate administrative tasks or even rent limousines, private jets or yachts.

Localización: **Puerto Banús, Marbella, España** | Fotografía © **Ocean Club Marbella**    Location: **Puerto Banús, Marbella, Spain** | Photos © **Ocean Club Marbella**

# Nikki Beach Cannes
## Nikki Beach Cannes

En el marco de uno de los más conocidos festivales de cine europeos, el de Cannes, el Nikki Beach no quiso perder la ocasión de proponer al público un lugar incomparable en el que disfrutar de las fabulosas playas de la ciudad francesa. Con los carteles de las películas seleccionadas como telón de fondo, la playa se transformó en un improvisado campamento de jaimas, una suerte de oasis en el que se instaló una gran estructura acristalada que se convirtió en la discoteca más original del certamen. La decoración, sofisticada y elegante, basada en tonalidades cálidas como el rojo, mostraba una notable influencia berberisca, con jaimas sobre grandes alfombras y pufs.

Tanto de día como de noche sus visitantes podían acomodarse en las grandes camas y sillones, a la luz de las velas de espectaculares candelabros, tras el ocaso. Una estupenda ocasión en la que el Nikki Beach quiso estar presente para ofrecer un original modo de disfrutar de la playa y ser uno de los puntos fuertes de Cannes.

In the setting of one of European's most well-known movie festivals, Cannes, Nikki Beach didn't want to miss the occasion to offer the general public an incomparable place to enjoy the fabulous beaches of the French city. With the movie posters selected like a backdrop curtain, the beach was converted into an improvised desert of haimas, as well as a large glass structure that became the most original nightclub of the event. The decoration, sophisticated and elegant, based in warm shades like red, offered a notable Moroccan influence with haimas on large rugs and pouffes.

During the day as well as at night, its visitors could get comfortable on the large beds and armchairs, by the light of the candles of large and opulent candelabras after sunset. A wonderful occasion in which Nikki Beach wanted to be present and offer an original way to enjoy the beach, one of the strong points of Cannes.

Localización: **Cannes, Francia** | Fotografía © **Nikki Beach**

Location: **Cannes, France** | Photos © **Nikki Beach**

# Puro Beach Mallorca

## Puro Beach Mallorca

Este entorno paradisíaco, situado en Palma de Mallorca, invita a relajarse frente al mar, gozando de una vista de 180° de la bahía. El edificio principal se erige en la misma costa, y la piscina, la terraza y el lounge se extienden a lo largo de un brazo de tierra que se adentra en el mar, y que dispone también de un acceso marítimo con amarres para los clientes que llegan al club por mar.

Además de los servicios de restaurante, bar, terraza y lounge, Puro Beach ofrece tratamientos para el bienestar físico y espiritual, gracias a su spa y sus clases de yoga. La actividad empieza por la mañana, con el Sunrise Yoga, que ayuda a relajar cuerpo y mente. La música envuelve el club desde primera hora de la tarde, con suaves ritmos que distienden el ambiente mientras los clientes disfrutan del sol tumbados en las grandes camas de la terraza o en los sofás y pufs del lounge. Al atardecer empieza la fiesta nocturna con música, comida y bebida, y un sensual ambiente exótico y chic.

El nivel inferior de la construcción acoge el spa con cuatro salas donde se realizan masajes con aromaterapia, piedras calientes, reflexología, tratamientos de belleza corporales y faciales, y un espacio con velas y sofás diseñado para actividades en grupo y clases de yoga o meditaciones guiadas durante la época de invierno.

This paradise-like enclave, located in Palma de Mallorca, invites one to physically and spiritually relax along the sea side, enjoying a 180° view of the bay. The main building was constructed on the same coast, and the swimming pool, terrace and lounge extend along a stretch of land that penetrates towards the sea, offering maritime access with docks for the guests that reach the club by boat.

The Puro Beach includes health and spiritual treatments with a spa and yoga classes, and also offers a space with a restaurant, bar, terrace and lounge for enjoyment and rest. The activity starts in the morning, with Sunrise Yoga, relaxing the body and mind. The music envelopes the club at the beginning of the early afternoon, with soft rhythms that harmonize the atmosphere, while the guests enjoy the sun in the large beds on the terrace or the couches and pouffes in the lounge. Dusk is when the night party starts with music, food and drink and a sensual exotic and chic look.

The lower level of the building houses the spa with four treatment rooms for aromatherapy, hot stone and reflexology massages, body and facial beauty treatments, and an area with candles and couches designed for group activities and yoga or guided meditation classes in the winter.

Localización: **Palma de Mallorca, España** | Fotografía © **Roger Casas**    Location: **Palma de Mallorca, Spain** | Photos © **Roger Casas**

# Almyra
## Almyra

Este fabuloso hotel situado en Chipre, al sur de Turquía, es fruto de la remodelación del antiguo Pafos Beach Hotel, convertido ahora en un lugar muy chic. La estética del Almyra, cuyo nombre significa «el sabor del mar», rebosa un estilo Mediterráneo en el que el blanco se funde con el azul del cielo y del agua para lograr un entorno sereno y luminoso.

La piscina es el epicentro de un amplio jardín en el que los huéspedes pueden relajarse tomando el sol o descansar bajo las lonetas blancas que emulan las olas del mar. El hotel ofrece unas vistas privilegiadas del castillo medieval de Pafos y una gran perspectiva del mar Mediterráneo. Más allá de la piscina, sobre la playa del hotel, se encuentra la terraza lounge, un espacio construido con piedra blanca que recuerda a la isla griega de Santorini, con amplios sofás también blancos y mesas de madera oscura: un mirador ideal donde disfrutar de un cóctel a media tarde o al anochecer, junto a la luz de los pequeños faroles. Abajo, en la arena, se extienden las tumbonas y las sombrillas bajo las palmeras que rodean el hotel. Además de estos espacios, el Almyra permite realizar actividades acuáticas como bucear o navegar por las aguas cristalinas del mar que baña sus playas.

This fabulous hotel located in Cyprus, in the south of Turkey, is the result of the renovation of the old Pafos Beach Hotel, now converted into a very chic, heavenly enclave. The esthetic of the Almyra, whose name means "the flavor of the sea", overflows with a Mediterranean style where white melts with the blue of the sky and water giving it a serene and luminous atmosphere.

The swimming pool is the epicenter of the large garden where the guests can relax on the large day beds and take in the sun or rest under the white canvases that emulate the waves of the sea. Its vistas show the medieval castle of Pafos and a great perspective of the Mediterranean Sea. Beyond the swimming pool, and raised above the hotel's beach is the terrace lounge, a space built with white stone that reminds one of the Greek island of Santorini, with big white couches and dark wood tables: the ideal look out to enjoy a cocktail in the middle of the afternoon and early evening, under the light of the lantern. Below, in the sand, deck chairs and umbrellas extend under the palm trees that surround the hotel. Besides these spaces, the Almyra offers aquatic activities such as scuba diving or navigating in the crystalline waters of the sea that bathe its beaches.

Localización: **Pafos, Chipre** | Fotografía © **Thanos Hotels**

Location: **Pafos, Cyprus** | Photos © **Thanos Hotels**

# Maison Ocoa
## Maison Ocoa

El color rosa de las macetas y colchonetas que cubren las originales tumbonas sobre la arena llama la atención en este local situado en una de las playas más famosas de Saint Tropez, Palmpelonne. Su moderna decoración y los diferentes espacios donde se puede comer, tomar algo o simplemente disfrutar del sol lo convierten en un lugar de encuentro perfecto para los meses de verano. Incluso cuando el tiempo no acompaña el local abre sus puertas y la gente se reúne junto a la chimenea, contemplando las vistas del mar.

Sobre el entarimado se encuentran el restaurante y el bar. Los sofás de almohadones rosas bordean el local junto a las mesas y taburetes blancos, creando el juego cromático que se repite en todas las zonas del Maison Ocoa. Junto al bar-lounge y bajo la pérgola de madera, se encuentran las mesas del restaurante, que quedan resguardadas bajo la lona en los días lluviosos.

En la arena se han dispuesto tumbonas y grandes colchones a modo de camas donde tomar el sol con toda comodidad. Una moderna propuesta para disfrutar del sol y el mar en la Costa Azul.

The pink color of the flower pots and mattresses that cover the original deck chairs on the sand catch the attention in this local located in one of the most famous beaches of Saint Tropez, the Palmpelonne. Its modern decoration and the different spaces that it offers, where it is possible to eat, have a drink or simply take in the sun, makes it a perfect meeting place for the summer months. Even when the temperature isn't great, the local opens its doors and people gather around the fireplace, enjoying the sea views.

On the parquet floor is the restaurant and bar. The couches with their pink cushions flow throughout the premises, together with the tables and white stools, creating a chromatic combination that repeats itself in all the areas of the Maison Ocoa. Next to the bar-lounge and under the open wood pergola, are the tables of the restaurant that are sheltered under the canvas awning during rainy days.

In the sand are the deck chairs and the large mattresses that serve as day beds to sun tan with all the comforts. It is a modern proposal for enjoying the sun and sea on the Côte d'Azur.

Localización: **Playa Pampelonne, Saint Tropez, Francia** | Fotografía © **Roger Casas**

Location: **Pampelonne Beach, Saint Tropez, France** | Photos © **Roger Casas**

# The Zias Beach Club
## The Zias Beach Club

En el suroeste de la isla de Chipre, en la localidad de Kouklia, se encuentra este nuevo club de playa, The Zias Beach Club, que forma parte del hotel Aphrodite Hills, situado a tan sólo cinco minutos a pie. Este local dispone de una zona de playa con hamacas, sombrillas y toallas en las que disfrutar de un reparador descanso. A través de un camino de láminas de madera se accede a unas elegantes tumbonas, colocadas en la arena y sobre un entarimado.

Además de este espacio abierto al público, The Zias Beach Club incluye un lujoso bar restaurante que está elevado sobre el nivel del mar. Los sofás y las mesas de madera pintada de blanco, combinan con el resto de la decoración, inspirada en los colores del verano: el blanco, que refleja la luz del sol, y el azul del mar. Una propuesta muy relajante para disfrutar del fabuloso clima de la isla de Chipre.

In the south east of the island of Cyprus, in Kouklia, is this new beach club, the The Zias Beach Club that forms a part of the hotel Aphrodite Hills, located only five minutes away. The club offers a pleasant beach area with hammocks, parasols and towels for a fortifying rest for the body and mind. Following a wood slated path, one reaches the elegant deck chairs placed on the sand or also on the wood platform that forms the base of the club.

Besides this space open to all types of public, The Zias Beach Club includes a luxurious sea level bar and restaurant. The couches and tables of this area, of white wood, combine with the rest of the decoration, inspired in the colors of summer: white, that reflects and radiates the light of the sun, and the blue of the sea. A very relaxing and complete proposal to enjoy the fabulous climate of the island of Cyprus.

Localización: **Kouklia, Chipre** | Fotografía © **Aphrodite Hills**

Location: **Kouklia, Cyprus** | Photos © **Aphrodite Hills**

# Blue Marlin
## Blue Marlin

Este club de playa está ubicado en Cala Jondal, en Ibiza, una de las islas Baleares con más actividad tanto de día como de noche. Entre los sonidos de la música de bares y discotecas, cuyas fiestas prácticamente no acaban nunca, el Blue Marlin propone un paréntesis para relajarse. Sobre la arena, unas grandes camas y hamacas invitan a disfrutar de la comodidad, y una gran palmera delimita la superficie entarimada donde se encuentran el bar y el restaurante. Se han colocado unas pérgolas que, junto con los toldos, protegen del sol, y unas camas con la estructura de madera invitan a dormir una apacible siesta o gozar de un momento de calma. Y por si todo esto no fuera suficiente, el local incluye un servicio de masajes para recuperarse totalmente de las mágicas e inacabables fiestas nocturnas de la isla.

Por la noche, los focos de luz de colores y las velas crean una atmósfera idílica e íntima para saborear deliciosos combinados en las mesas o dentro de las jaimas dispuestas sobre la arena, mientras llega la madrugada y el ritmo de la música comienza a adueñarse del ambiente.

This beach club is located in Cala Jondal, Ibiza, the most visited island with the highest day and night activity of the Balearics. Between the sounds of the music and the nightclubs, whose parties practically never end, the Blue Marlin offers a parenthesis for relax and peace. On the sand, it invites one to enjoy the comfort of its large beds and hammocks. A large palm tree marks off the wooden platform area of the bar and restaurant, proposing different spaces with pergolas and awnings that protect from the sun, and even pillows and wooden beds for pleasant siestas and unforgettable moments of relax. Also, to completely recuperate from the exhaustion of the magical nights of the island, the club includes a massage service.

At night, the different color spotlights and the candles create an idyllic and intimate atmosphere to enjoy the sound of the music and delicious mixed drinks at the low tables or in the haimas set up in the sand while the hours pass and the rhythms encircle the club.

Localización: **Cala Jondal, Ibiza, España** | Fotografía © **Roger Casas**

Location: **Cala Jondal, Ibiza, Spain** | Photos © **Roger Casas**

# La Cabane

La Cabane

El cielo y el mar parecen unirse y envolver este exclusivo club de playa situado en el Hotel Los Monteros de Marbella, en el litoral español. La luminosidad característica de la Costa del Sol potencia el azul y el resto de los colores de la naturaleza de los alrededores. Una gran piscina preside este espacio, alrededor de la cual se han dispuesto varias estructuras de madera cubiertos con lonas blancas. En su interior, amplios colchones hacen las veces de camas y también de mesas para comer a refugio del sol. Por la noche la cena se sirve alrededor de la piscina, iluminada por antorchas acomodadas en grandes maceteros, que crean un ambiente único y romántico.

Gracias a su privilegiada ubicación, ligeramente elevada sobre el nivel de la playa, el club La Cabane disfruta de unas magníficas vistas del horizonte marítimo. Así pues, este espléndido entorno ofrece a los clientes del hotel un lugar donde relajarse bajo el sol o degustar las propuestas gastronómicas del restaurante, tanto de día como de noche, pues a la luz de las antorchas, la cena puede alargarse hasta la madrugada. El fabuloso clima de la Costa del Sol es ideal para disfrutar del club en cualquier época del año, y por eso permanece abierto al público durante todo el año.

The sky and sea seem to unite and surround this exclusive beach club located in the Hotel Los Monteros of Marbella, Spain. The characteristic luminosity of the Costa del Sol optimizes the blue and other colors of nature that surround this club. A large swimming pool presides over this space, around which there are various wood gazebos covered with white canvas that shelter the large mattresses that serve as day beds and the tables for eating in front of the sea while protected from the sun. At night, dinner is also served around the illuminated pool and by the light of the torches placed in large flowerpots, creating a unique and romantic atmosphere.

The beach is just at the foot of the club La Cabane, giving it magnificent views of the marine horizon thanks to its privileged location, raised in respect to sea level. The club offers clients of the hotel and the public in general, an enclave to relax under the sun or taste the gastronomic proposals of the restaurant, during the day as well as when the night falls, in magnificent dinners that prolong into the early morning. The fabulous climate of the Costa del Sol is ideal for enjoying the club at any time because it is open to the public all year round.

Localización: **Marbella, España** | Fotografía © **Hotel Los Monteros**

Location: **Marbella, Spain** | Photos © **Hotel Los Monteros**

# Hamburg City Beach Club
## Hamburg City Beach Club

La particularidad de este club y, a su vez, su característica más atractiva es precisamente su emplazamiento, ya que se encuentra en una gran ciudad y no en el típico entorno paradisíaco de una pequeña localidad de costa. El Hamburg City Beach Club está situado a orillas del río Elba, en medio del fascinante espectáculo que se desarrolla cada día en el ajetreado puerto de Hamburgo. Esta joya marítima ofrece refugio a varios locales y es frecuentado por visitantes de todo el mundo que acuden a comprobar de cerca su magia.

Como si de un pedazo de Caribe se tratara, este club de playa reúne todos los elementos necesarios para trasladar a su público fuera de la gran ciudad, aunque sus vistas al puerto y los edificios delaten su esencia urbana, ofreciendo un contraste sin igual entre los clubes de este tipo.

Rodeado de arena, sombrillas, hamacas y palmeras, además de pequeñas jaimas y cabañas, es el lugar de encuentro perfecto para disfrutar de los días de sol pero también de románticos atardeceres a la luz de las velas mientras se degusta una copa de vino. Por la noche las luces del puerto ofrecen un espectáculo único cuando se reflejan en los numerosos canales de agua. El sonido de la música chill-out envuelve el ambiente de las fiestas nocturnas. Además, el club ofrece un surtido gastronómico en el que destaca el sushi y todo tipo de ensaladas y dispone, incluso, de un espacio para la proyección de audiovisuales.

The curiosity of this club and, at the same time, its most attractive characteristic, is that it is in a big city and not in a heavenly enclave of small beach locations. The Hamburg City Beach Club is located over the Elbe river right in the middle of the fascinating daily spectacle of the busy port of Hamburg. This marine jewel offers refuge to various premises and visitors from all over the world that come to see the magic up close.

As if it were a piece of the Caribbean, this beach club has all the elements necessary to transfer its guests outside the big city, although its views of the great port and the buildings in the background continue betraying its purely urban essence, in a spectacle for the senses without equal.

Surrounded by sand, parasols and hammocks, as well as small haimas and tents, it is the perfect meeting place to enjoy sunny days or sunsets with a glass of wine under the palm trees by the light of candles. At night, the lights of the port recreate a unique image to enjoy on the parquet floor surrounded by water channels. The sound of the chill-out music surrounds the atmosphere of the night parties. Besides the club, there is a gastronomic assortment of a variety of salads and sushi and even an area for audiovisual projections.

Localización: **Hamburgo, Alemania** | Fotografía © **Olivier Koniecki**

Location: **Hamburg, Germany** | Photos © **Olivier Koniecki**

# Nikki Beach Marbella
## Nikki Beach Marbella

Marbella es una localidad costera española sinónimo de lujo y sofisticación, con gran actividad hotelera y un sinfín de locales que incluyen todo tipo de servicios para el deleite de sus, a menudo, conocidos y reputados clientes. El Nikki Beach Marbella está situado en el entorno del Don Carlos Beach Resort, a tan sólo quince minutos de esta localidad malagueña. Bienestar y placer definen claramente los objetivos de este local, que dispone de múltiples espacios en los que relajarse, tomar el sol, relacionarse, comer o beber durante el día y también por la noche. El secreto está en dejarse llevar por su armonioso y exclusivo ambiente. La decoración presenta un estilo moderno y suntuoso, donde el blanco se mezcla con el color de la arena y de la madera tanto en la playa como en el resto del club.

Las hamacas, las grandes camas y las jaimas reposan sobre la arena, bajo las palmeras; sobre una tarima colocada al mismo nivel se han dispuesto las diferentes zonas del bar y el restaurante, que incluyen amplias mesas para grupos que buscan un poco de privacidad. Las escalera situada junto a la playa conduce a una terraza que ofrece vistas panorámicas del enclave. Por la noche el club se impregna de un ambiente mágico, iluminado por tenues puntos de luz.

Marbella is a Spanish costal location synonymous of luxury and sophistication, with an important hotel activity and no end of places that include all types of services for the delight of it's often, well-known and highly reputed clients. The Nikki Beach Marbella is located in the setting of the Don Carlos Beach Resort that is only fifteen minutes away from this location. Well-being and pleasure clearly define the starting point of this hotel that extends under the palm trees in a radiant white and multiple spaces to relax, sun bathe, socialize, eat or drink during the day and also at night. The secret is in being taken away by its harmonious and exclusive environment. The decoration proposes a modern and serene luxury space, where white mixes with the color of the sand and the wood on the beach as well as in the rest of the club.

The hammocks, the large beds and the haimas rest on the sand, under the palm trees, and on a platform placed on the same level are the different area of the bar and the restaurant, that include big tables protected from the sun for groups that looking for a little more privacy. The stairs next to the beach lead to a terrace that offers panoramic views of the enclave. At night, the club wraps itself in a magical atmosphere, illuminated by faint points of light.

Localización: **Marbella, España** | Fotografía © **Gary Edwards**

Location: **Marbella, Spain** | Photos © **Gary Edwards**

# Club de playa Hotel Don Carlos
## Hotel Don Carlos Beach Club

Este club, uno de los más lujosos de España, está ubicado en las instalaciones del Hotel Don Carlos, en Marbella, uno de los lugares de Europa con mayor número de clubes de playa dirigidos a la clientela más selecta. El agradable clima de Marbella permite disfrutar de esta propuesta desde el mes de abril hasta el mes de octubre.

La espectacular piscina de agua dulce es el plato fuerte de este club, ya que su original diseño incluye diversos rincones con encanto, distribuidos a modo de isletas en el agua. En el centro se ha reservado un espacio con mesas donde se puede disfrutar de un combinado bajo las palmeras y, al otro lado, una zona con hamacas para los baños de sol. Tras la piscina se encuentra el jardín, donde las jaimas ofrecen vistas al horizonte marino. Finalmente, en la extensa playa de arena fina se han dispuesto hamacas y sombrillas de estilo caribeño para quienes prefieran disfrutar del agua salada. Además, el club ofrece gran variedad de deportes náuticos durante la temporada veraniega.

This club, one of the most luxurious in Spain, is located in the facilities of the Hotel Don Carlos, in Marbella, one of the points with the greatest number of beach clubs in Europe and that is directed to the most select clientele. The pleasant climate of Marbella allows the enjoyment of this proposal from April to October.

Its spectacular fresh water swimming pool is the strong point of this club, because its original design has allowed it to design nooks with charm that are almost like islets in the water. In the middle, is an area with tables where one can enjoy a mixed drink under the palm trees and, one the other side, hammocks for sun tanning. After the swimming pool is the garden, where the haimas offer views of the marine horizon from the shelter of their awnings. Finally, the long fine sand beach includes Caribbean style hammocks and parasols for those who prefer salt water. Also, the club offers a wide variety of nautical sports during the summer season.

Localización: **Marbella, España** | Fotografía © **Gary Edwards**

Location: **Marbella, Spain** | Photos © **Gary Edwards**

# Le Manureva

## Le Manureva

Casi mimetizándose con el paisaje, en la playa de Ramatuelle, se encuentra el bar, restaurante y club de playa Manureva. Su estructura de madera, con las paredes exteriores y los suelos revestidos de madera, se confunde con los tonos de la arena y del entorno.

El restaurante presenta una estética acorde con su ubicación, elegante y cromáticamente sobria. Unas mesas y unos bancos de madera de diferentes tonos marrones y unas amplias sillas de ratán asoman a la playa tras la barandilla que delimita el espacio. En el interior las mesas quedan resguardadas bajo las lonas claras del techo, que permiten que la luz se filtre sin molestar a los comensales. El toque étnico que desprende este club de playa se hace más palpable en la zona de espera para el restaurante, con muebles y complementos realizados con exóticos materiales.

Además del bar y del restaurante, el Manureva también ofrece la posibilidad de disfrutar del sol recostado en las tumbonas dispuestas en la arena, frente al local. Asimismo, también puede realizarse compras en una tienda de artículos de ropa y complementos exóticos y veraniegos.

Almost mimicking the landscape, on the beach of Ramatuelle, is the bar, restaurant and beach club Le Manureva. Its wood structure, wood floors and outside walls covered with laths create very natural esthetics, blending with the sand and surroundings.

The restaurant presents a look in accord with its location on the beach, although with chromatic elegance and sobriety, with wood tables and benches in different shades of brown and big whicker chairs that look out at the beach over a railing that delimits the space. Inside, the tables are sheltered under the clear awnings of the roof that let the light through without bothering the guests. The ethnic touch that this beach club gives off is more palpable in the restaurant's waiting area, with furniture and complements made out of exotic materials.

Besides the bar and restaurant, Le Manureva also offers the possibility to take in the sun reclining in the deck chairs on the sand, in front of the club, as well as a clothing and accessories store with exotic and summer articles.

Localización: **Ramatuelle, Saint Tropez, Francia** | Fotografía © **Roger Casas**

Location: **Ramatuelle, Saint Tropez, France** | Photos © **Roger Casas**

# Virtual Beach Club

## Virtual Beach Club

Situado en un precioso rincón de Illetas, en Mallorca, se encuentra este local cosmopolita que incluye varias propuestas en un mismo espacio: dos restaurantes, un cocktail bar, el night club y una zona con hamacas. Estas están situadas en un entorno único, con el mar a los pies, e invitan a perder la noción del tiempo, oyendo el agua chocar contra las rocas mientras se saborea un delicioso cóctel o se disfruta de un masaje.

El restaurante La Solana está situado en una terraza privilegiada en la que se sirven platos que nacen de la fusión de texturas y sabores, con una cuidada presentación. Para desayunos o comidas algo más ligeras, el Virtual Beach Club propone su Bristrot.

A mediodía o cuando empieza a caer la tarde, el Cocktail Bar es el lugar perfecto, ya que ofrece una amplia carta de cócteles y combinados mientras la música va apoderándose del ambiente. Cuando llega la noche, es el momento de disfrutar del Night Club, en otro espacio singular y mágico: una cueva natural en la que el sonido de la música reverbera de forma fascinante. Este lugar acoge todo tipo de actividades, como exposiciones, *fashion shows* y *performances*. Un club extraordinario y misterioso donde disfrutar de los días y las noches más calurosas del año.

Located on a precious corner of Illetas, in Mallorca, is this cosmopolitan space that includes various proposals in the same place: two restaurants, cocktail bar, night club and hammocks. With the sea at your feet, high above the rocks, this space with hammocks invites one to lose the notion of time, listening to the water crash against the rocks while savoring a delicious cocktail or enjoying a massage.

La Solana restaurant is located on a privileged terrace that serves dishes born from the fusion of textures and flavors, with a carefully attended presentation. For breakfast or light meals, the Virtual Beach Club offers its Bistro.

In the afternoon or when night starts to fall, the perfect place is the Cocktail Bar that offers a wide variety of cocktails and mixed drinks while the music fills the air. Finally, in a unique and magical space is the Night Club, located inside a natural cave that surrounds the sound of the music. This place has space for all kinds of activities such as expositions, fashion shows or performances. It is a fascinating and mysterious place to enjoy the days and hottest nights of the year.

Localización: **Calvià, Mallorca, España** | Fotografía © **Roger Casas**

Location: **Calvià, Mallorca, Spain** | Photos © **Roger Casas**

# Beau Rivage
## Beau Rivage

El Beau Rivage es el único hotel de Niza que cuenta con una playa privada que permite ofrecer a sus clientes la posibilidad de disfrutar del sol y del mar en un ambiente más íntimo y exclusivo. En 2004 el arquitecto francés Jean-Michel Wilmotte se encargó de supervisar el diseño del hotel, en cuyo emplazamiento se creó un mundo de piedra beige y de lino, una atmósfera de diseño puro, elegante y sobrio, que refleja la esencia de Niza.

La situación privilegiada del Beau Rivage, en el centro de la ciudad, lo convierte en un lugar aún más especial. Las tumbonas reposan sobre la arena, y a su espalda se encuentra el restaurante, alzado sobre una tarima de madera. Este material es el gran protagonista del club, combinado con otros, también naturales, que armonizan con el entorno y están presentes en las mesas, las sillas y los bancos. Pequeños toques de color en almohadas y farolillos aportan algo más de color al local.

Las sofisticadas jaimas, con lonas de un blanco radiante, resguardan algunas de las mesas de este restaurante, lo cual permite guarecerse del intenso sol o de la lluvia y seguir disfrutando de las vistas al Mediterráneo a través de las cortinas transparentes.

The Beau Rivage is the only hotel of Nice with a private beach that offers it clients the possibility of enjoying the sun and sea in an intimate and exclusive ambiance. In 2004, the French architect, Jean-Michel Wilmotte, was assigned to supervise the redesign of the hotel where he created a world of beige stone and linen, an atmosphere of pure, elegant and sober design that reflects the essence of Nice.

The privileged location of the Beau Rivage, in the center of the city, makes it an even more special enclave. In the beach club, the deck chairs rest on the sand, with the restaurant behind them, raised on a wood platform. This material is the great protagonist of the club, combined with others, also natural, that harmonize with the surroundings and are seen in the tables, chairs and benches. The small touches of color in pillows and lamps give a little more vivacity to the hotel.

The sophisticated haimas, made from radiant white canvas, shelter some of the restaurant's tables which are ideal for those who want to get out of the sun or for rainy days that allow the view of the Mediterranean through the transparent curtains.

Localización: **Niza, Francia** | Fotografía © **Roger Casas**

Location: **Nice, France** | Photos © **Roger Casas**

# DIRECTORY

**360° BAR-JUMEIRAH BEACH HOTEL**
Jumeirah Beach Road, P.O. Box 11416
Dubai, United Arab Emirates
Tel.: +971 434 800 00
Fax: +971 434 822 73
JBHinfo@jumeirah.com
www.jumeirahbeachhotel.com

**ALMYRA**
Poseidonos Avenue
8042 Pafos, Cyprus
Tel.: +35 726 933 091
Fax: +35 726 942 818
almyra@thanoshotels.com
www.thanoshotels.com

**AMANYARA**
Northwest Point, Providenciales
Turks and Caicos Islands, British West Indies
Tel.: +1 649 941 8133
Fax: +1 649 941 8132
amanyara@amanresorts.com
www.amanresorts.com

**ANASSA**
Bath of Aphrodite Road
8840 Polis, Cyprus
Tel.: +357 26 888 000
Fax: +357 26 322 900
anassa@thanoshotels.com
www.thanoshotels.com

**BEAU RIVAGE**
24 Rue Saint François de Paule
06300 Nice, France
Tel.: +33 492 478 282
Fax: +33 492 478 283
info@nicebeaurivage.com
www.nicebeaurivage.com

**BLUE MARLIN**
Cala Jondal
07830 Ibiza, Spain
Tel.: +34 971 410 117
info@bluemarlinibiza.com
www.bluemarlinibiza.com

**HAMBURG CITY BEACH CLUB**
Große Elbstrasse 61
22767 Hamburg, Germany
Tel.: +49 163 783 84 37
info@hamburgcitybeachclub.de
www.hamburgcitybeachclub.de

**HOTEL DON CARLOS BEACH CLUB**
Crta. de Cádiz, km. 192
29604 Marbella, Spain
Tel.: +34 952 768 800
Fax: +34 952 833 429
info@hoteldoncarlos.com
www.hoteldoncarlos.com

**LA CABANE, HOTEL LOS MONTEROS**
Urb. Los Monteros, km 187
Marbella, Spain
Tel.: +34 957 771 700/+34 952 861 199
www.monteros.com
hotel@monteros.com

**LA HONDA BEACH CLUB**
La Honda Beach, Ctra. Panamericana Sur, km 56
Pucusana, Lima, Perú

**LE CLUB 55**
43 Boulevard Patch, Pampelonne Beach
83350 Ramatuelle, St. Tropez, France
Tel.: +33 494 555 555
Fax: +33 494 798 500
www.leclub55.com

**LE MANUREVA**
Rue de Tahiti
83350 Ramatuelle, St. Tropez, France
Tel.: +33 494 978 322

**LE SERENO**
19 Grand-Cul-de-Sac
Saint-Barthélemy, French West Indies
Tel.: +59 029 83 00
Fax: +59 027 75 47
info@lesereno.com
www.lesereno.com

**MAISON OCOA**
Boulevard Patch, Pampleonne Beach
83350 Ramatuelle, St. Tropez, France
Tel./Fax: +33 494 798 980
contact@maison-ocoa.com
www.maison-ocoa.com

**MILLESIM BEACH CLUB**
Thaiti Beach
83350 Ramatuelle, St. Tropez, France
Tel.: +33 494 972 099
beach@millesim.net
www.millesim.net

221

**NIKKI BEACH CABO SAN LUCAS**
Playa El Médano, s/n., Zona Hotelera
23410 Cabo San Lucas, Mexico
www.nikkibeach.com


**NIKKI BEACH CANNES**
Cannes, France
www.nikkibeach.com


**NIKKI BEACH MARBELLA**
Playa Hotel Don Carlos
Ctra. de Cádiz, km 192
29600 Marbella, Spain
Tel.: +34 952 836 239
www.nikkibeach.com


**NIKKI BEACH MIAMI**
One Ocean Drive, Miami Beach
33139 Florida, USA
Tel.: +1 305 538 111
www.nikkibeach.com


**NIKKI BEACH ST-BARTHS**
St. Jean Beach FW1
97133 Saint Barthélemy, French West Indies
Tel.: +590 27 64 64
www.nikkibeach.com


**NIKKI BEACH SAINT TROPEZ**
Route de L'epi
83350 Ramatuelle, St. Tropez, France
Tel.: +33 494 798 204
Fax: +33 494 799 350
www.nikkibeach.com

**OCEAN BEACH CLUB**
Avda. Lola Flores, s/n
29660 Puerto Banús, Marbella, Spain
Tel.: +34 952 908 137
Fax: +34 952 908 275
info@oceanclubmarbella.net
www.oceanclubmarbella.net


**ONE & ONLY PALMILLA**
Ctra. Transpeninsular, km 7,5
23400 San José del Cabo, Mexico
Tel.: +52 629 146 700
Fax: +52 624 146 701
www.oneandonlyresorts.com


**PURO BEACH MALLORCA**
Pagell, 1, Cala Estancia
Palma de Mallorca, Spain
Tel.: +34 971 744 744
Fax: +34 971 744 745
info@purobeach.com
www.purobeach.com


**PURO BEACH MARBELLA**
Laguna Village, Playa El Padrón
Ctra. de Cádiz, km 159
29680 Estepona, Spain
Tel.: +34 951 316 699
marbella@purobeach.com
www.purobeach.com


**SUPPERCLUB TÜRKBÜKÜ BODRUM**
Yali Mevkii Gotürkbükü Mugly
Bodrum, Turkey
Tel.: +90 252 357 7154
www.supperclub.com

**TERRAZA PUNTA GARBÍ**
Paseo Marítimo de Fenals
17310 Lloret de Mar
Girona, Spain
Tel.: +34 651 837 122
From April 1 to October 30


**THE OBEROI MAURITIUS**
Turtle Bay, Pointe aux Piments
Mauritius, Indian Ocean
Tel.: +23 020 436 00
Fax: +23 020 436 25
gm@oberoi-maurtius.com
www.oberoihotels.com


**THE ZIAS BEACH CLUB**
1 Aphrodite Avenue
8500 Kouklia, Cyprus
Tel.: +35 725 828 000
Fax: +35 726 828 001
info@aphroditehills.com
www.aphroditehills.com


**VIRTUAL BEACH CLUB**
Paseo de Illetas, 60
07184 Calvià, Mallorca, Spain
Tel.: +34 971 703 235
info@virtualclub.es
www.virtualclub.es


**W RETREAT & SPA MALDIVES**
Fesdu Island
North Ari Atoll, Maldives
Tel.: +96 066 622 22
Fax: +96 066 622 00
wmaldives.welcome@whotels.com
www.starwoodhotels.com